तुम्हारे लिए

71 प्रेम कविताएँ

दूधनाथ सिंह

राजकमल प्रकाशन
नयी दिल्ली पटना इलाहाबाद कोलकाता

ISBN : 978-81-267-2603-5

मूल्य : ₹ 200

पहला संस्करण : 2014

प्रकाशक : राजकमल प्रकाशन प्रा.लि.
1-बी, नेताजी सुभाष मार्ग, दरियागंज
नई दिल्ली-110 002

शाखाएँ : अशोक राजपथ, साइंस कॉलेज के सामने, पटना-800 006
पहली मंजिल, दरबारी बिल्डिंग, महात्मा गांधी मार्ग, इलाहाबाद-211 001
36 ए, शेक्सपियर सरणी, कोलकाता-700 017

वेबसाइट : www.rajkamalprakashan.com
ई-मेल : info@rajkamalprakashan.com

मुद्रक : बी.के. ऑफसेट
नवीन शाहदरा, दिल्ली-110 032

TUMHARE LIYE
Poems by Doodhnath Singh

एक बात

ये कविताएँ बीते जुलाई-अगस्त में लिखी गयीं—एक 'अवसेरि' (अवस्मृति) की स्थिति में, जब देवी साधक के भीतर उतरती है और वह 'खेलने' लगता है। तब वह, वह नहीं होता जो वास्तव में होता है। तब वह साधना के सम्मोहन में होता है। 'अवसेरि' कबीर का शब्द है। यह एक प्रकार का अतिभौतिक विमोह है। सारी कलाएँ इसी अवस्मृति, ऐसी ही सम्मोहित अवस्था की उपज होती हैं। फिर... उसके बाद? जब हम देवी के 'थान' पर सिज्दा लेते हैं, मत्था टेकते हैं, तो उस अवस्मृति, उस सम्मोहित अवस्था से विदा लेते हैं। तब हमारा इति-अथ का भौतिक संसार शुरू होता है। थके-माँदे, निढाल हम इस दुनिया में लौटते हैं, जो नीरस, शुष्क, बार-बार फेंटी गयी, निरर्थक, लेकिन जीने के लिए ज़रूरी होती है। कला की दुनिया और जीने की दुनिया के बीच यह आवागमन अत्यन्त कठिन और निर्मम होता है।

लेकिन यही एक कलाकार की नियति भी तो है।

वर्धा
2-12-2013

अनुक्रम

[1]

तुम्हारे दिन लौटेंगे बार-बार
मेरे नहीं। तुम देखोगी यह झूमती हरियाली
पेड़ों पर बरसती हवा की बौछार
यह राग-रंग तुम्हारे लिए होंगी चिन्ताएँ
अपरम्पार ख़ुशियों की उलझन तुम्हारे
लिए होगी थकावट, जंगल का महावट
पुकारेगा तुम्हें बार-बार। फ़ुर्सत ढूँढ़ोगी जब-तब
थकी-हार तब तुम आओगी
पाओगी मुझे झुँझलाओगी
सो जाओगी कड़ियाँ गिनते-गिनते सौ बार

इसी तरह आयेगी बहार
चौंकाते हुए तुम्हें
तुम्हारे दिन।

[2]

मैं
मरने के बाद भी
याद करूँगा
तुम्हें

तो लो, अभी मरता हूँ
झरता हूँ
जीवन
की
डाल से
निरन्तर
हवा में
तरता हूँ
स्मृतिविहीन करता हूँ
अपने को
तुमसे
हरता हूँ।

[3]

केवल दिन है
केवल उजाला है
सब कुछ दिखता है अनचाहा
तुम्हारे बिन
केवल दिन ही
दिन है।

रात कहाँ गई
वह हल्की उजास
अँधेरी बात कहाँ गई!

छूँछे हैं शब्द–सात
मृगतृष्णा के पीछे–पीछे
चली गई सारी बारात
जस–की–तस प्यास
आस कहाँ गई!

बैठा हूँ
चौंध में
वह आँख
कहाँ गई!

[4]

तुम्हारे जन्म-दिन पर आएगी स्वतंत्रता
तुम्हारे जन्म-दिन पर सजेगा लाल क़िला
तुम्हारे जन्म-दिन पर ले जाए जाएँगे प्रधानमंत्री ऊपर
बखान करेंगे। सलामी लेंगे। झंडा खींचेंगे तिरंगा
तुम्हारे जन्म-दिन पर बरसेंगे फूल
तुम्हारे जन्म-दिन पर ख़ूब झमाझम होगी बारिश
झूमेंगे गरजेंगे मेघ
तुम्हारे जन्म-दिन पर ख़ूनी दरवाज़े पर पुलिस का दस्ता होगा
तुम्हारे जन्म-दिन पर मारे जाएँगे कश्मीरी दो-चार

तुम्हारे जन्म-दिन पर फिरूँगा अकेला
न जाने कहाँ
कब तक!

तुम्हारे जन्म-दिन पर एक दिन और
बड़ी हो जाओगी तुम

तुम्हारे जन्म-दिन पर ताज़े फूल
बार-बार बासी हो जाएँगे।

तुम्हारे जन्म-दिन के एक दिन बाद

लौटूँगा
अमर होकर
तुम्हारे
जन्म-दिन पर।

[5]

कल रात हम किस तरह मिले
हड़बड़ाये 'मैं वहाँ थी'
तुम कहाँ 'शान्ति स्तूप पर'
हजारों वर्ष पूर्व
स्वर्णाभा के घेरे में
हम दोनों अलग-विलग
सिन्धु और गंगा के तटों से
हम दोनों दो नदियाँ
जल के तट पर
आर पार।

ओह् ओह्
आऽऽऽर
पाऽऽऽर

[6]

अभी आओगी हमारी आँख में
भर जाओगी आँसू सदृश
हँसूँगा कैसे तुम्हारे स्वागतम् में
आँख में बैठी हुई तुम उजाले में
हो धवल मन की आस, उठकर चमक में
सुनसान करतीं अन्त तक
मेरी प्रतीक्षा अन्त तक
अभी आओगी।

कभी जाने के लिए
बस   अभी आओ।

[7]

अब कहीं पर कुछ नहीं है
अब सभी कुछ   कुछ नहीं है
रात है या दिन कि मेरा मन उजाला है
दूर पर वह चमक जैसे पानियों में टूटती है
सभी नातों की धमक अब रेत जैसी छूटती है
स्वप्न का सन्देश लेकर आ रही जो
स्वर्ण-मुद्रा देह अपनी कूटती है।

वही अपनी शाश्वती है
वही मुझको भावती है।

[8]

यह असम्भव है असम्भव है असम्भव है
हर असम्भव में तुम्हारी चाह है
हर असम्भव में तुम्हारी राह है
हर असम्भव में हमारी
सौम्य नमित कराह है।

यह असम्भव दर्द की इक छटपटाहट है
यह असम्भव फिर तुम्हारी ललित आहट है
हमारा कठिन-सा हठ है।

[9]

मैं था तुम थे
हम दोनों थे एक अकेले
भीतर हरियाली चलती थी
साथ हमारे तुम थे तुम थे
मैं था   कहीं नहीं था
भीतर बाहर बाहर भीतर
हरियाली थी हरियाली थी हरियाली थी
सबुज रंग के दुख थे मेरे तेरे
मैं तकता था तुम्हें बिना देखे ही
मैं जीता था फिर–फिर
मरण–द्वार पर बैठा मैं गिरता था
तेरे जीवन में बिन जिये अकारण

कैसा सुख था   तुमसे बिछुड़ा
मै रोया था   काल–रात्रि में
जब तुम   चले गए थे।

[10]

कुछ नहीं कहना मुझे
कुछ नहीं
बस
कुछ सभी कुछ।

[11]

18 नवम्बर बेंच पर कोई निशान नहीं
चारों ओर घासफूस–जंगली हरियाली
कीड़े–मकोड़े मच्छर अँधेरा। वर्षा से धुली
हरी–चिकनी काई की लसलस
चींटियों के भुरभुरे बिल– सन्नाटा
बैठा   सन्नाटा। क्षण वह धुल–पुँछ बराबर
कौन यहाँ आया बदलती प्रकृति के अलावा
प्रशासनिक भवन से दूर कुलसचिव के सुरक्षा–गार्ड
की नज़रों से बाहर   ऋत्विक घटक की डोलती
दुबली छाया से उतर कौन यहाँ आया
एकान्त की मृत्यु बस रोज़ रात– व्यर्थ
वृक्षों की छिदरी छाँह, झूमती हवा की चीत्कार संग
मैं फिरता वहाँ
सब कुछ गुज़रता हुआ चुपचाप
आज रात नहीं कोई वहाँ
बात नहीं कोई
झँपती आँख नहीं कोई

[12]

मुझको वह सन्देश भेजकर तुरत सो गईं
भागा फिरता रहा तुम्हें लेकर मैं नदी किनारे
स्वर ओझल हो गया चीख़ते जल के तल में
पत्थर हाहाकार हुआ कानों के भीतर
ज्यों गिरता हो जल-थल समतल
करता हुआ हिमालय।

जागो, देखो मैं कहता हूँ जो कुछ तुमसे
तुम धीरे-से हँसीं अचानक
मुझको वह सन्देश भेजकर
तुम दर्पण में उगीं अचानक
मेरे पीछे   हँसती छाँह
                विहान क

[13]

मत जाओ   आँधी पानी है
हवा चीख़ती रही रात भर
तीन दिनों से
बादल रोते रहे रात भर
मत जाओ ओ जीवन-दानी!
फिर मैं रामटेक पर बैठा रहूँ अकेला
क्या सन्देश तुम्हें भेजूँगा
कुछ कहने को नहीं सिवा
इसके   कि
                मत जाओ।

अभी अँधेरा मन में पैठा
अभी चली जाओगी
फिर मैं   फिर मैं कहाँ रहूँगा
किन शब्दों की सघन खोह में
और अबोला और अबोला और अबोला
कहने को क्या होगा
दृष्टि कहाँ औ' श्रवण वचन
मधुर बावला   मैल-कुचैला

इधर फिरूँगा उधर फिरूँगा
मौन रहूँगा   कहीं किसी जा
सो जाऊँगा   अन्तिम सोना...

मत जाओ।

[14]

मेरे जूते में तुम्हारे तलुवों का स्पर्श है।
एक दिन जूते ख़राब हो जाएँगे
फिर मैं अकेला हो जाऊँगा
जब तक रहूँगा।

[15]

मैं उसकी हूँ– छुरी
जिसने तुम्हें ज़िबह किया
बिन कहे बिन जाने
और
  तुम
  मुझे पाकर
  कितने कितने
  ख़ुश हो!

[16]

कोई तो आया
द्वार खटखटाया
सपना-सा
अपना था।

अब मन थिर नहीं
शंकाएँ घिर रहीं
बिजलियाँ गिर रहीं
निरन्तर।

लौट गया
औंट गया
बाहर
भीतर।

जाऊँ
दह जाऊँ
राख
रह जाऊँ
बावला कहाऊँ!

[17]

उसने चुम्बन लिया।
मुझे जीवन की रेत पर बिछाकर
भर-पेट
दम-
घुटने तक
उसने चुम्बन लिया।

[18]

इसी तरह से रहो
स-घन मन में
मरो मगर चुपचाप
कोई जान न पाए
इसी तरह से पड़े रहो
अक्षर-जीवन के बीच
अबोले बरसो।

बाहर आते ही ऊबोगे
सब कुछ सब कुछ
बासी हो जाएगा।
तुम विदर्भ के दर्भ सदृश
जाओगे सूख-भूख
तुम्हारी काव्य-कला की
मर जाएगी। सूखे डंठल
तोड़ जला देगा कोई भी
व्यंग्य-वचन से।

जीवन तो केवल धन्धा है
वह अन्धा है।

इसी तरह से रहो
सघन मन अपने
मगहर में।

[19]

आ जाओ तुम अभी अगर
तो जीवन लौटे, यहीं अचेतन
के भीतर फिर चेतन का उल्लास
कि जैसे अभी गर्भ से माँ के
बाहर आया है– कोमल वह चीत्कार
नई अहोनी फिर सुन पड़े
असूनी– इस धरती माता को
मृत्यु किनारे कलकल–छलछल
शान्त नींद में प्रथम जन्म के
पुनर्जन्म की वह मुस्काहट लौटे
और तुम कहो–यह तो हँसता है
इस भरी नींद में–यह
जीवन है– ओ माँ!

[20]

वहाँ कोई चल रहा है
कभी आगे कभी पीछे
कभी मेरे बराबर पर।

सुबह की फूटी किरन
बस पास मेरे
है उजाला औ' क्षणिक
उल्लास मेरे।

नहीं कुछ भी बोलता है
प्रतीक्षा में आँख
अपनी खोलता है
दूर पर मेहराब जैसा चाँद
निष्प्रभ–बादलों की धूल
ओढ़े। मैं उन्हीं पगडंडियों
पर अब अकेले शून्य की
थामे हथेली घूमता हूँ
डूबता हूँ घनी अँधियारी
हरी बिखरी घास के सुनसान में
वह हथेली ढूँढ़ता हूँ
जो हमारे हाथ में है

खिलखिलाती।

वह हमारा जंगलों के
साथ का वह हाथ
बेकस! अब
कहाँ!

[21]

मुझे
लोग तुमसे विलग कर देंगे
जैसे बच्चे को माँ से छीना जाता है
उसके आँसू उसकी चीख़ मुझे सुन पड़ रही है
अचानक मेरा हाथ तुम्हारी हरी चुनरी से बिछड़ जाएगा
थोड़ी हरियाली मेरे आँसुओं में
थोड़ी अन्तस में तुम्हारे चुपचाप
थोड़ा देखना तुम्हारा दूर दिशाओं में
जिधर मैं घुल गया मिट गया अदृश्य के सूनेपन में
मेरे रक्त-रहित खंडहर का मुड़ना तुम्हारी ओर
जिधर तुम बेबस चुपचाप इतिहास-रहित लौट गईं

अपनी महत्ता की दमक में रहो
जो दिन शेष हैं
सुखी और अपूर्ण
दर्शन देते हुए
नैतिकता के स्वांग
में मुस्कुराओ
घिरे हुए
चिरे हुए
बस याद करो कभी-कभी
उसको   जो
         था।

[22]

साँझ हो रही थी
जब मैं चला तुम्हारी ओर
अन्धे की तरह, तुम्हें
टटोलता हुआ।

लोगों की नज़र थी मुझ पर
कोई दौड़ा–'बाबा उधर नहीं
 इधर'
 जिधर तुम नहीं थीं
 मृत्यु का तट था।

फिर छोड़ दिया हाथ
मुझे रस्ते पर डाल।

तुम्हारी छाया आभासित हो कहीं
मूर्त्तिमती अचल अविचल
 स्पर्श करूँ
 तुम्हें। फिर
 दर्श करूँ।

[23]

यह जो हवा झूमती है
यह तुम्हारा स्पर्श लेकर आ रही है
हुँहकार जो है, वह तुम्हारे दुःख की ललकार है
पानियों में जो दमक निर्दमक है
जो गाद–कीचड़ मेंह है
वह तुम्हारे आत्म की रौंदी हुई
            वह देह है
            निर्माल्य मेरा
            निष्कलंक पवित्र
            तेरा दुःख है।

मैं उसी को पूजता हूँ
      कूजता हूँ सप्त
            सुर में।

[24]

अभी देखा
    फिर
    युगों के कठिन
    दुस्तर आवरण
के पार
तुमको अभी देखा।

कौन था उस रात के तम में
        अकेला
        गन्धकों
        के उन
        विरूपित खँडेरों में
        कौन था!

रात का कूबड़ ज़रा हिलता हुआ
पत्तियों की झाँझरें बजती हुई
तुम्हारी साँस भी सोती हुई
खड़खड़ाती पसलियाँ
हिचकियाँ लेती हुई
अन्तिम...

तुम्हें देखा फिर युगों के कठिन–दुस्तर
                आवरण के पार!

[25]

बरस कर खुल गए बादल
निर्जला ओ जल-परी
झील जो भीतर दिखी वह
गुम हुई   वह
            तुम हुई
            फिर भी प्यास की मारी हुई।
            रस-बूँद उसके पास है
            कैसे पियोगी!

मन आज बहुत उदास है
            कैसे जियोगी!

[26]

वह तुम्हारी पीठ
जिस पर बूँद-सा
अब झरा मैं
महासागर के
समर में।

[27]

कहाँ हो तुम कहाँ हो
ओ शुभ्र मणि मेरी!
तुम्हारे बिना सब कुछ अँधेरा है
हवा में है गन्ध तेरी
लौट जाने की चमक है

रात में तुम
सो गईं
या खो गईं?
तुम कहाँ हो
            ओ रात की रानी
            सुगन्धित
            प्रात!

[28]

कब लौटोगे कब लौटोगे
हे, जीवन के परम सुहावन–सावन!
        पावन
रस बरसावन   तप के गावन
    आवन–जावन
    कब लौटोगे
    रास–रचावन
अन्तर्मन के सुमुख
    सखावन
कब!

[29]

बाहर खड़खड़
भड़भड़ शोर
भीतर झलफल
भोर अँजोर
बाँधी डोर
बटोर
काल की
ओर-छोर
सौंपा
बचा-खुचा जीवन
फिर तुमको।

फूटा स्रोत
सभी दिशाएँ
विस्मित घोर
अछोर।

[30]

बातों के ऊपर बातों के पात बिछे
वे बातें नहीं जो कहनी वे
भीतर हैं बातों के   नीचे
तह में। ऊपर जो धुआँधार शब्द
उनको हम नहीं सुनते
सुनते उनको
जो नहीं कहते।

यही तो जीने का ढब
अब। जो अनभिव्यक्त
वही है व्यक्त।

कैसे चलेगा जीवन
जो निकल गया
सुख के भरम में
जो विकल गया!

[31]

जब मैं हार गया सब कुछ करके
मुझे नींद आ गई।
जब मैं गुहार लगाते-लगाते थक गया
मुझे नींद आ गई
जब मैं भर पेट सोकर उठा
हड़बोंग में फँसा, ग़ुस्सा आया जब
मुझे नींद आ गई। जब तुम्हारे इधर-उधर
घर के भीतर बिस्तर से सितारों की दूरी तक
भागते निपटाते पीठ के उल्टे धनुष में हुक लगाते
चुनरी से उलझते पल्लू में पिन फँसाते, तर्जनी
की ठोढ़ी पर छलक आई ख़ून की बूँद को होठों में चूसते
खीझते, याद करते, भूली हुई बातों पर सिर ठोंकते
बाहर-बाहर- मेरी आवाज़ की अनसुनी करते...

यही तो चाहिए था तुम्हें
ऐसा ही निपट आलस्य
ललित लालित्य, विजन में खुले हुए
अस्त-व्यस्त होठों पर नीला आकाश
ऐसी ही ध्वस्त-मस्त निर्जन पराजय
पौरुष की। इसी तरह हँसती-निहारतीं
बालक को जब तुम गईं

मुझे नींद आ गई।

जब तुमने लौटकर जगाया
माथा सहलाया तब मुझको
फिर नींद आ गई।

मैं हूँ तुम्हारा उधारखाता
मैं हूँ, तुम्हारी चिढ़
तंग-तंग चोली
तुम्हारी स्वतंत्रता पर कसी हुई,
फटी हुई चादर
लुगरी तुम्हारी फेंकी हुई
मैं हूँ तुम्हारा वह सदियों का बूढ़ा अश्व
जिसकी पीठ पर ढेर सारी मक्खियाँ
टूटी हुई नाल से खूँदता
सूना रणस्थल।

लो, अब सँभालो
अपनी रणभेरी
मैं जाता हूँ।

[32]

अब रातें हैं
अब घातें हैं।

नगर–नगर फिरता हूँ
दृश्य निकले गोल–गोल
जो आते हैं
फिर जाते हैं।

कठिन उजाला
हृदय बीच जो कुम्भ
छलक रहा है
व्याकुल आने को बाहर
नहीं चाहता कोई जाने
जीवन का यह अन्त।

वन की पगडंडी के बीच
छाया घेर रही है
माया। छूटना कठिन।
यही बातें हैं।

[33]

लौ लगी
दौं लगी
झुलसा   अभ्यन्तर
      बाहर
      गौं
      लगी।

[34]

जैसा मैंने कहा किया वैसा ही
खोले दुख के अंग–
सभी कुछ घायल।
जीवन निरुपम मिला तुम्हें ओ,
किसने उसकी छाल उतारी
किया निर्वसन। छील–छाल कर
श्वेत रंग से दुहा ज़हर
ओ, दुहिता माता खड़ी भगवती
सब सिंगार सिधारे, धरती का
अवलम्ब लिये, कैसी हो
किसकी हो तुम नारी!
जिसकी चर्चा का विष–नगर
बिछाए, सारे मनु सारे कनु
चीख़ रहे हैं कामाख्या की
व्यथा–कथाएँ।

[35]

हजार वर्षों के बराबर
वह एक राऽऽऽत
तुम्हारे बिस्तर में
        ख़ुशबू
        की खोज–
कितने जतन से छिपाई गई
देहगन्ध
आख़िरकाऽऽर
आख़िरकाऽऽर...

मैं यहाँ हूँ   नहीं
मैं वहाँ हूँ   परे–परे दूर
दुनिया के अनन्त अभिनयों
के पाऽऽर...
अँधेरा है सर्वत्र इस खेल
के चारों ओर   सघन
आध्यात्मिक   रुदन है
जीवन का   मेरी साँसों में।
तुम्हारी देह–गन्ध पुरातन
उजड़े खंडहर–सी।

नींद नहीं
नींद का बहाना था
जब तुमने जागने को कहा।

हजार वर्षों की गहरी अनींद से
जागा मैं
विदा के लिए।

सब कुछ अपरिचित था
जब मैं बाहर आया।

[36]

मेरी दाहिनी ओर
एक हरा रंग
उड़ता हुआ।

मेरी बाईं ओर
क्षितिज
पर इन्द्रधनुष।

मेरे दाएँ हाथ ने
छुआ
अब छुआ तुम्हें

निराकार।

[37]

आस नहीं टूटती
साँस नहीं टूटती
बैठा हूँ राह पर
अपनी कराह पर।

[38]

वह जो जीवन मैंने देखा
किसने
देखा!
वह जो सुख-दुख मैंने पाया
तुमने
पाया?
कौन अँधेरे-मुँह जो निकला
क्योंकर
मुझे छोड़कर
निकला?

रात हुई जब रात गई तब
किसने मुझको कहाँ सुलाया!
कैसे जागूँ इस अनींद से
जिसमें केवल तुम ही तुम थे!
कहाँ गई वह सहस बरस की रात
हमारी अपनी जो थी-

साँस-साँस के तार विलग थे
दुख था दुख था सुख था केवल
सभी तुम्हारी बाँहों में लिपटे सोए थे।

मैं था केवल मैं था केवल मैं था
आधे दुख से आधे सुख से पागल
तुम्हें जगाता
सहस बरस
की घनी रात में।

[39]

छोड़ो छोड़ो छोड़ो छोड़ो
जाओ जाओ जाओ जाओ
कभी न लौटो कभी न देखो
आँखों से अपनी ही आँखें
रह-रह पेखो।
गिनो टूटती हुई बरुनियाँ
दुख से लटकी भौंहों में
आतंकित वह रूप हमारा
पाओ पाओ।

भर-भर आँसू
आओ
आओ।

[40]

यह दिन भी बीता।

बिना तुम्हारे
हँसी किनारे
नाव
कि जिसमें जल ही जल है।

जाने दो
ऐसे भी
जीना होता है
जीवन-भर।

[41]

वह जो आया कहाँ गया
वह जो पाया कहाँ गया
वह जो दूर अदेखेपन में
लौट गया वह कहाँ गया–
धाम नदी के पुल के ऊपर
काम नदी के पुल के नीचे
अपने ही जीवन का पारावार सँभाले
अपना स्वर–संगीत बिछाए
तुमसे बिछुड़ा कहाँ गया!

[42]

किधर हो तुम कहाँ हो
जंजाल में दुख-जाल में
हैं मछलियाँ
जो हँस रही थी
अभी कल तक
ताल में।

लौट आओ, ताल में जल
प्रतीक्षा में है।
थिरकती है एक लहर
अकाल में तुम
लौट आओ
बस।

[43]

उतरा ज्वार।
    जल
    मैला।
    लहरें
    गईं क्षितिज के पार।

काला सागर
अन्धी आँखें फाड़
ताक रहा है
गहन नीलिमा।
बुझ हुए तारे
कचपच–कचपच
ढूँढ़ रहे हैं
    ठौर।

मैं हूँ मैं हूँ
यह दृश्।

खोज रहा हूँ
वंकिम चाँद
क्षितिज किनारे
मन में
जो अदृश्य है।

[44]

एक दिन जो बीतता है
                    कल्प
                    जैसे।

ठहर जाता है समय
काल जैसे लीलता है
जैसे वार करता है
प्रतिघात करता है
सुमिरनी अचानक छीन ले जाता
नाम की–गुमनाम की
गुरियाँ सभी टूटी–पड़ी बिखरी हुईं
मेरी रीढ़ पर वह बार–बार
प्रहार करता है–

वह एक दिन जो बिन तुम्हारे
कल्प जैसा बीतता है।

[45]

हम दोनों हैं साँप-सँपोले
इस विदर्भ के घने दर्भ में
अनजाने ही डोल रहे हैं
हरियाली में बैठे पत्थर
फुस-फुस, फुस-फुस बोल रहे हैं
उनके भीतर छाँह घनी है
धानी रँग पर कभी बिछलता पानी
धारासार अँधेरे में हम चिपटे
उस अनंग को खोल रहे हैं
छटपट-छटपट, झटपट-झटपट
दबी आह को तोल रहे हैं।

आह, गुफा के भीतर फैला तरल उजाला
गिरे अकुंठित गहन नींद में, चौंक
हवा ने कहा, 'अरे, उठो अब
हुआ सवेरा - भागो
किसी कन्दरा में छिप जाओ
क्रूर जगत से।'

[46]

मैं तुम्हारी कथा हूँ
जिसको तुम्हीं भूली हुई हो
मैं तुम्हारी व्यथा का अंगार हूँ
जिसको तुम्हीं छू ली हुई हो
कौन है जिसकी प्रतीक्षा में
अभी झूली हुई हो?
थकी-माँदी रात के अन्तःसदन में
इधर फिरतीं उधर तिरतीं
याद की दुखती रगों को
दफ़न करने के लिए
मन की अँधेरी खोह में
चुपचाप आँसू को समेटे
रात की वीरांगना तुम
आप-अपनी ही
कठिन सूली हुई हो।

कौन हो तुम?

[47]

अभी तुम हो रास्ते में
अभी तुम हो धाम के उस पार
अभी तुम पवनार में हो
वृद्ध-जर्जर साध्वियों के संग
अभी तुम हो प्रार्थना की व्यर्थता में
अभी तुम बापू कुटी में
अभी तुम शान्ति के स्तूप के
उस गोल घेरे में
अभी तुम हो नाशवान शरीर-मन्दिर में
अभी तुम हो फूल
जिसमें शूल-सा मैं चुभ रहा हूँ

लौट आओ
इसी पथ पर कुचल
दो यह नोक
मेरी। सदा को
सुनसान
मेरा।

[48]

नींद की दुनिया उजड़ चुकी
उम्र कम है
उसे देखते रहने के लिए
नींद की दुनिया को
तहस-नहस करना ज़रूरी था
जीवन कितना बचा है
सोने के लिए!

पीछे मुड़कर नहीं देखना
अँधेरे में चुपचाऽऽप चुपचाऽऽप
चलते जाना।

वहाँ वह हो
शायद। हो
देखना मत
सब कुछ खो दोगे
पीछे मुड़कर।

सोना मत
पीछे मुड़कर
देखना मत।

उम्र कम है
खोना मत
उसे।

[49]

उठ जाव
सुबह हो चुकी
प्रतीक्षा!

उठा जाव
आँखों में नींद
अलसाहट
खीझ, झुँझलाहट
लिये उठ जाव
लपेट लो मुझे
बैठा हूँ पैताने
युगों से
तुम्हारे!

[50]

जीवन को फिर
फिर फेंटता हूँ।

वन के वृक्षों
की चादर लपेटे
जैसे वहीं लौट आया
खड़ा हूँ सकुचाया
जहाँ से चला
वहीं से
फिर चलता हूँ।

घिरा घटाटोप अवसाद
बरस रहा फिर
खोजता हूँ
खोह से निकलने का
उजला पथ
इति-अथ
का धुँधला संसार
फिर फेंटता हूँ।

कहाँ पर
टूटकर
गिरूँगा
अन्ततः!

[51]

मैं सो गया किनारे दिन के
कब सूरज दो टूक हुआ बदली के नीचे
कब अँधेरा चढ़ बैठा पूरी नगरी में
धरती डोली, स्वप्न हुए सब खंडित
मन-केतन के। कब जर्जर जंगल सूखा
जला भभककर, लहर बुहारे-सभी
बहारें भस्म रमाए सूने में फिरती थीं

सोकर उठा अचानक
अरे, यह रात हो गई!
इतनी देर रहा मैं बेसुध
याद खो गई, अरे तुम्हारा दर्पण-मुख
आँखों से ओझल
कब चैतन्य निकल भागा भीतर से
यह कैसा अपराध हुआ बिन जाने

क्षमा करो हे,
मैं अनींद-वरदान तुम्हारा लेकर
लौट रहा हूँ
तट-दर्पण पर।

[52]

दस वर्षों से सूखे में
तुम पड़े हुए हो
अपनी ज़िद पर अड़े हुए हो।

दस वर्षों से रात और दिन किधर गए हैं
उजले-उजले-उजले दीमक
काले जुगनू, लाल सितारे
काना सूरज दुखी चन्द्रमा
घर के चारों ओर तुम्हारे
बिखर गए हैं।

तुम हो फिर भी
अक्षत वाणी
काले अक्षर ध्वनि-संकेतों
निखर गए हैं।

दुनिया में ऐसा भी कुछ है
जो इन बातों से बाहर है
कठिन, निरर्थक, फिर भी फिर भी
उसी समर में कट-मरना है
मुक्ति नहीं है

सब अकर्म है
जिसमें हम–तुम
शिखर गए हैं।

यही हाल है
एक हमारा
एक तुम्हारा।

[53]

नहाया नहीं अरे, आज अभी तक
अभौतिक–अजीवन–अन–अर्थ
कुछ भी खाया नहीं   अदृश्य
अननुभूत। गुन–गुन खटराग
सुनाया नहीं   उसको
जो आया नहीं।

भूल गया सब कुछ
शब्दों में कुछ भी समाया नहीं।
अब तो गया–निष्क्रमित हुआ
रूखा–सूखा यह जीवन
अब तक सरसाया नहीं
बरसे–बरसे वे बादल
वे बादल फिर भी
अघाया नहीं।

गया। अब गया यह
स्वर्ण–कलश अ–तिथि जीवन
जला
बस जलाया नहीं।

[54]

बैठी रहो वहीं
हिसाब-किताब में
चूने-गारे में
हरकारे में
बसो-बसाओ घर-द्वारे
उजारे में – अदृश्य
मक्खियाँ उड़ाती
ओसारे-अन्हारे में।

सुखी रहो।

[55]

लिथड़े कीचड़ में
अपने अपने
जीवन के! कैसा
नर्क बसा है चारों ओर
चिथड़े हैं सने
भारी सराबोर।

छूटेगा कैसे यह रण
ओ, रणछोड़ दास,
दलदल रणस्थल
खींचेगा कौन हमें बाहर
कब होगा स्नान
कब वह आएगा
निर्मल पवित्र
संजीवन!

ज्ञान–मान
सब अन्तर्धान।

[56]

कर दो चकित
थकित को
पल-भर में
व्यथित।
फिर द्रवित
भ्रमित अशब्दाशंकित
आतंकित सब कथित
अकथित।

जीवन जले
भले फिर पले
गले बर्फ। पानी
पानी हो तलछट-रहित
तिरोहित।

[57]*

सभी लोग लगे हैं काम में
चले गए। मैं हूँ आराम में
हमाम में। याद करूँगा तुम्हें
शाम में। सब होंगे अपने
धन-धाम में। मैं बैठा रहूँगा
अन्तिम विराम में।
नीरस निष्काम में
तमाम में।

---

* निराला को याद करते हुए

[58]

मेरा साथी
दूर देश में बैठा
दुखी कर दिया उसने
मुझको। गृह-जंजाल
समेटे आधी रात
गिर जाता है गहरी निद्रा में
थककर - क्या सोना-इसी
इसी को कहते हैं!

कहता हूँ मैं
बाहर आओ
मेरे साथ बिताओ
क्षण वे ही अनमोल
वही रह जाएँगे जीवन
में तेरे। सोचो-सोचो
ओ भविष्यनिधि,
मैं किंकर हूँ एक तुम्हारा
मात्र।

नहीं सुनता
मुझ बमभोले की बात

टाल–बस हँस देता है।
गुड़–सी मीठी हँसी
बसी रहती है
भीतर।

[59]

बहुत-सी आवाज़ें हैं
वर्षा धो रही
बादल गरज रहे
बहुत-सी आवाज़ों का विरूपण
धरती को धमक-धमकाता
हरियाली औंधी लेटी है
बहुत-सी आवाज़ों के भीतर।

स्वर सभी शान्त
व्यंजन जगे हैं
बिना किसी संगत के
कोई संगीत
एकान्त-अकेला नहीं।

बहुत-सी आवाज़ें
जीवन का भ्रम हैं।

बहुत-से विचार
बहुत-से सुन्दर मुख
बहुत-से आमुख
चले गए। व्यंजन

अकेले हैं
स्वर कब उठेंगे
अलसाए!

कौन-से नए वाद्य
आविष्कृत होंगे
अरी, ओ प्रशान्ति
अरी, ओ भोर की
अशान्ति!

[60]*

तुम पूरब की ओर देख रही हो
मैं भी पूरब की ओर देखता हूँ।

अरे, तुम उत्तर की ओर देखने लगीं
क्या तुम हिमालय को देखती हो
क्या वह दिखता है?
नहीं दिखता।
मैं भी उत्तर दिशा देखता हूँ।

तुम्हारी कमर में दर्द है?
मुझे भी होने लगा।
तुम गर्भवती हो?
काश, मैं भी हो जाऊँ...

अरे, तुम छत को ताकती हो?
मेरा चश्मा दो
मैं भी ताकूँगा।

क्या वहाँ मकड़ी का जाला है
मैं भी फँसूँगा।

---

* विनोद जी का दाम्पत्य

दुनिया बुरी है?
हाँ, दुनिया बुरी है
अच्छी है?
हाँ...मगर
        हाँ, अच्छी है।

क्या तुम्हें ज्वर है?
मुझे बताया नहीं
मुझे तो कल से है
हाँ...मैंने भी नहीं बताया।

क्या तुम सो गईं?
मैं भी सो गया
क्या तुम सपने देख रहीं?
अच्छे-अच्छे सपने ही देखना।

सुनो, कुछ काम अकेले भी होते हैं
पता नहीं...
होते हैं।

[61]

मेरा कोई मित्र नहीं है
सिवा तुम्हारे। जीवन की
अन्तिम वेला में एक सहारे
तुम हो दूर   अनन्तिम
छन में रहते हो नयनों में
छन में दूर चले जाते हो
मेरा कोई मित्र नहीं है।

महाकाव्य है जीवन सर्ग कई हैं
सभी कथाएँ अलग-अलग
टूटी-फूटी हैं। कई-कई विजयें हैं
एक पराजय केवल तुम हो
हारा तुमसे यह जीवन-रण
जीवन की अन्तिम वेला में।

सुबह हुई है- ज्योति तुम्हारी
तन में मेरे   मन में मेरे
छवि का नगर बसा है
धीरे-धीरे तीरे-तीरे।

[62]

तुम्हारी आँख के आँसू हमारी आँख में
तुम्हारी आँख मेरी आँख में
तुम्हारा धड़कता सौन्दर्य
मेरी पसलियों की छाँव में
तुम्हारी नींद मेरे जागरण के पार्श्व में
तुम्हारे करवटें चुपचाप मेरी सलवटों में
तुम्हारी एक-एक कराह मेरी आह में।

पिछली रात की वह प्रात
अवाक् बैठे हम
तुम्हें मैं निरखता चुपचाप
मन में अनकहा सब
रह गया   परिताप।

[63]

सब तरफ़ एकान्त
बारिश गिर रही है
थोड़ी दूर पर बैठा अकेला कौन
देखता चुपचाप तुमको नींद के आग़ोश में
अँधेरे को भेदती आँखें
तुम्हें फिर-फिर ढूँढ़ लेती हैं
बिना जाने ही तुम्हारे

नींद में करवट बदलते स्वप्न
या दुःस्वप्न जिनमें चौंक पड़तीं तुम
उठ के बैठ जाती हो अँधेरे में।
या कि-
चित्र अपना खींचता हूँ मैं
बहाने से तुम्हारे।

[64]*

चुन्नी, तुम कहाँ गई
चुन्नी, तुम वहाँ गई !

बाबा, तुम कहाँ गए
बाबा, तुम वहाँ गए?

चुन्नी, तुम आ जाओ
चुन्नी, तुम भाग जाओ
बाबा खिला लेंगे
बाबा सुला लेंगे।
पापा फिर आएँगे झख् मार
मम्मी फिर आएगी
मुँह का गुब्बारा फुलाए हुए।

बाबा, मैं भूल गई
मैं तुमको भूल गई
बाबा, तुम कैसे हो?
क्या अब भी वैसे हो?
बाबा, तुम दिख जाओ
सपने में आ जाओ।

---

* अपनी पोती के लिए

बाबा, मैं आती हूँ
जल्दी से बड़ी हो जाती हूँ।

बाबा, तुम मरना मत
पापा से डरना मत।

[65]

सूख रहा है स्रोत अगम
पाताली अमर अमरकंटक
भीतर का। सूख रहीं रतियाँ–बतियाँ
रूठीं। पीठ दीख रही है
मुझको अब अपनी ही
चिकनी झुर्री–मुड़ी पसलियाँ
दाएँ–बाएँ–यादें मिटी हुईं सब
जैसे स्याही पोंछ दिया हो स्मृति के
काल कठिन ने अपने हाथों
मैल हथेली पर धारे फिर
चला गया हो–बैठ गया हो
आँसू की उस नदी किनारे
धो लेने को।

जो कुछ भी धुँधला–धुँधला है
मैल साँझ की बिखर गई है
मटमैला है शून्य अगम आकाश
और धरती के बीच
केवल रव है भीषण और भयानक
यह अनर्थ की कालनीति है
जिसमें बैठा हूँ मनमारे
कोई स्वप्न नहीं है।

[66]*

सोनू जिज्जी अच्छी-अच्छी
सोनू जिज्जी मन की सच्ची
सोनू जिज्जी सोनू जिज्जी
रस की गगरी सिंच्ची-सिंच्ची।

सोनू जिज्जी जब हँसती है
मन के भेद और कसती है
सोनू जिज्जी जब सजती है
सपने-सी सुन्दर लगती है।

कभी-कभी दिन-भर सोती है
कभी-कभी छिपकर रोती है
सोनू जिज्जी गोरी-गोरी
सोनू जिज्जी मन की भोरी।

सोनू जिज्जी खट्टी-खट्टी
सोनू जिज्जी मिट्ठी-मिट्ठी
सोनू जिज्जी की है छुट्टी
आज सभी से उसकी कुट्टी।

---

* एक विद्रोहिणी लड़की के लिए

मन की बात नहीं कहती है
चुप-चुप अपने में रहती है
निर्जन नदिया-सी बहती है
और सितारों से कहती है
तुम सब मेरे भीतर आओ
मन की बात उसे समझाओ।

सोनू जिज्जी आओ आओ
सोनू जिज्जी मत शरमाओ
बाहर निकलो, धूप खड़ी है
तुमसे मिलने को अकड़ी है
दूर अँधेरा भाग गया है
तुमसे पहले जाग गया है।

सोनू जिज्जी नहीं मानती
सोनू जिज्जी नहीं जानती
कोई उसके द्वार खड़ा है
कोई उसके पाँव पड़ा है
सोनू जिज्जी डर जाती है
और लाज से गड़ जाती है।

सोनू जिज्जी बोल पड़ी है
अपने पैरों आन खड़ी है
मैं सुख-दुख को नहीं जानती
मैं दुनिया को नहीं ध्यानती।
उसमें सब गड़बड़झाला है
औरत को विष का प्याला है
विष पीने को नहीं बनी मैं
दुख जीने को नहीं तनी मैं।

सोनू जिज्जी 'मिस' करती है
वह सपने को 'किस' करती है
कभी-कभी वह बहुत चहकती
बहुत महकती बहुत दहकती
वह फूलों की गन्ध चुराए
अन्तर में अंगार छुपाए
और न जाने कब छिप जाए!

हम सुगन्धि से भर जाते हैं
ज़ोर-ज़ोर से चिल्लाते हैं-
सोनू जिज्जी बाहर आओ
बादल में ख़ुशबू फैलाओ
हमको अपने घर ले जाओ।

सोनू जिज्जी कल आएगी।
सोनू जिज्जी कब आएगी!

[67]

सभी मनुष्य हैं
सभी जीत सकते हैं
सभी हार नहीं सकते।

सभी मनुष्य हैं
सभी सुखी हो सकते हैं
सभी दुखी नहीं हो सकते।
सभी जानते हैं
दुख से कैसे बचा जा सकता है
कैसे सुख से बचें
सभी नहीं जानते।

सभी मनुष्य हैं
सभी ज्ञानी हैं
बावरा कोई नहीं है
बावरे के बिना
संसार नहीं चलता।

सभी मनुष्य हैं
सभी चुप नहीं रह सकते

सभी हाहाकार नहीं कर सकते
सभी मनुष्य हैं।

सभी मनुष्य हैं
सभी मर सकते हैं
सभी मार नहीं सकते।

सभी मनुष्य हैं
सभी अमर हो सकते हैं।

[71]

जा रहा हूँ जीवन की खोज में
सम्भवतः मृत्यु मिले
सम्भवतः मिले एक सभ्य
सुसंस्कृत जीवन-व्यवहार
साँझ मिले बाँझ
आँच न मिले
जीवन की राख मिले
दसों-दिशाओं में।

क्या ऐसा नहीं हुआ कई बार
कई तथागतों के साथ
कई शताब्दियों में
निरन्तार!

जब भी वह निकला उल्लास
लास   भौतिक जीवन पर इठलाता
मिली उसे निरी उदासीनता
मिला उसे कठिन कंकाल
मिला उसे भव्य अन्तराल।
क्या वह नहीं लौटा
विकल-विकल लिये

हाथों में अपना ही तरल-रक्त
क्या उसकी आँखों से नहीं
टूटा, निपट उदास टिमटिमाता
सितारा एक?

पृथ्वी थोड़ी और
समृद्ध क्या नहीं हुई
उसके बाद!

●●●